L'Estime de Soi

I0441131

Aimez-Vous, Prenez Confiance En Vous
et Améliorez Votre Vie

Steve Bolt

Table des matières

Introduction

« Lorsque tu sous-estimes ce que tu fais, le monde sous-estimera qui tu es »
Oprah Winfrey

Qu'est-ce que l'estime de soi et en quoi est-ce important ?

Dans la société d'aujourd'hui, nous vivons à un rythme rapide, dans un monde en constante évolution. Cela est dû en grande partie aux développements technologiques et à la rapidité de l'information.

Toutefois, bien que ces innovations nous rendent certainement la vie plus facile et plus pratique dans de nombreux domaines, elles nous conduisent souvent à une vie en fin de compte plus chaotique, où la stabilité personnelle n'est plus assurée comme cela pouvait être le cas à une époque.

De nos jours, il est rare de garder le même emploi toute sa vie. Les relations d'une vie sont tout aussi rares. Et il est encore plus rare de naître, de travailler et de mourir à l'endroit où vous êtes né.

Tous ces changements, qu'ils soient importants ou minimes, peuvent affecter la vie de chacun de différentes façons. Certains de ces changements peuvent vous procurer de la joie et du bonheur tandis que d'autres seront source de douleur et de tristesse.

Il est donc essentiel de créer en vous-même un sentiment de stabilité afin de mieux traverser ces périodes de changements.

Cette stabilité découle d'une vision claire de votre identité et d'un sentiment de confiance en vous-même. Ce qu'on appelle en d'autres termes l'estime de soi.

Note : Le terme « estime de soi » est un terme cohérent et parlant en lui-même. Par conséquent, je garderai ce terme dans la suite du texte sans chercher à l'accorder avec le sujet (ex : estime de vous, de vous-même, d'eux-mêmes, etc.) qui ne ferait que compliquer la compréhension.

Qu'est-ce qui influence l'estime de soi ?

L'estime de soi signifie bien davantage que le fait de posséder un sens inné de votre valeur personnelle. L'estime de soi signifie avoir confiance en votre capacité à penser, à faire face aux défis de la vie et la reconnaissance que vous êtes digne de bonheur et de succès. Faire confiance à votre esprit et savoir que vous êtes digne de grandeur sont donc l'essence même de l'estime de soi.

L'estime de soi peut être affectée par des facteurs internes aussi bien qu'externes. Cela signifie que ce que vous pensez et ressentez à propos de vous-même peut être influencé aussi bien par ce qui se produit à l'intérieur qu'à l'extérieur de vous. Afin de construire et de maintenir un bonne estime de soi, ces deux facteurs doivent être pris en compte.

1. Les influences internes

Les influences internes sont celles qui proviennent de vous et se rapportent à la façon dont vous vous traitez.

Cela inclut la façon dont vous vous parlez intérieurement, ce que vous pensez et ce que vous croyez. La véritable estime de soi ne peut être obtenue que par l'intermédiaire de ces influences internes.

2. Les influences externes

Les influences externes viennent de l'extérieur de vous, comme l'environnement dans lequel vous vivez et travaillez. Elles peuvent être transmises verbalement ou non verbalement et sont généralement envoyées par les personnes que vous fréquentez ou avec lesquelles vous interagissez quotidiennement.

Les influences externes jouent un rôle important dans la manière dont vous pensez et ressentez à propos de vous-même. Cependant, ne commettez pas l'erreur de compter uniquement sur elles pour le développement de l'estime de soi.

Car si vous faites cela et que les circonstances de votre vie changent soudainement, vous constaterez rapidement que votre niveau d'estime de soi en souffrira aussi.

Quelle est la cause d'une faible estime de soi ?

Tout ce qui vous fait vous sentir précieux, spécial, utile, nécessaire, important ou toute autre chose qui vous fait vous sentir bien augmentera votre niveau d'estime de soi. Mais le contraire est également vrai.

Tout ce qui vous fait vous sentir mal, comme la peur de l'échec, la pauvreté, le doute, le rejet ou la critique abaissera votre sentiment d'estime de soi.

Ainsi, quand vous décortiquez cela, c'est vraiment très simple à comprendre. Les choses qui vous font vous sentir bien augmentent votre estime de soi. Les choses qui vous font vous sentir mal abaissent votre estime de soi.

Bien sûr, l'estime de soi est un peu plus compliquée que cela et il y a beaucoup d'autres facteurs qui peuvent jouer un rôle dans la façon dont vous vous sentez.

Mais si vous pouvez appliquer ce principe de base, maximiser les bonnes choses dans votre vie et éliminer ou réduire les mauvaises, vous remarquerez que votre estime de soi va rapidement commencer à s'améliorer.

Comment l'estime de soi influence votre comportement

L'estime de soi est un élément motivateur qui inspire le comportement, mais le comportement inspire également l'estime de soi. Par conséquent, il y a une boucle de rétroaction continue entre la façon dont vous agissez et votre niveau d'estime de soi. L'un ne peut pas exister sans l'autre.

Par exemple, avec une forte estime de soi, vous êtes plus à même de persister face aux difficultés mais avec une faible estime de soi, vous êtes susceptible d'abandonner plus facilement ou de passer par des remous émotionnels sans vraiment tout essayer ou sans donner le meilleur de vous.

Si vous êtes persistant, alors selon toute probabilité, vous réussirez plus souvent que vous n'échouerez, ce qui augmentera votre niveau de confiance et d'estime de soi.

Mais si vous abandonnez facilement, ou ne faites pas de votre mieux, alors vous échouerez probablement plus souvent que vous ne réussirez, ce qui réduira votre niveau de confiance et d'estime de soi. Dans tous les cas, vous aurez une meilleure connaissance de vous-même.

Autrement dit, cela signifie que vous pouvez améliorer votre façon de penser et de vous sentir en améliorant votre façon d'agir. Si vous faites toujours de votre mieux, que vous n'abandonnez jamais et que vous agissez avec intégrité, tôt ou tard le succès viendra à votre rencontre.

Avec ce succès viendront des niveaux plus élevés d'estime de soi, qui vous apporteront alors d'autres succès, qui généreront des niveaux encore plus élevés d'estime de soi. Une fois que vous avez commencé, cette boucle de rétroaction qui s'auto-renforce va développer automatiquement votre estime de soi au fil du temps, c'est pourquoi il est souvent dit que « le succès engendre le succès ».

Et c'est la valeur réelle d'avoir une haute estime de soi, car une fois développée, elle vous permettra de répondre aux nouvelles opportunités et aux défis de manière plus appropriée et plus efficace. En conséquence, non seulement vous commencerez à vous sentir mieux à propos de vous-même, mais vous constaterez que vous commencez à mieux vivre également.

Les changements dans l'estime de soi

Le niveau de votre estime de soi n'est pas défini une fois pour toutes dans l'enfance. Il peut grandir à mesure que vous vieillissez, ou il peut se détériorer. Il y a des gens dont l'estime de soi était plus élevée à l'âge de 10 ans que de 20, et l'inverse est également vrai.

Rappelez-vous que l'estime de soi peut fluctuer tout au long de votre vie. Elle peut monter et elle peut s'effondrer. Je le sais car je l'ai vécu.

A certains moments de ma vie, mon estime de soi reflétait les choix que je faisait face à certains défis. Je pense à des situations où j'ai fait des choix dont je suis fier et grâce à ces choix, mon amour-propre a augmenté. Mais en même temps je me souviens aussi avoir fait des choix que je regrette et qui, finalement, ont abaissé mon estime de soi.

En ce qui concerne les choix qui ont abaissé mon estime de soi, je pense à des moments où je ne voulais pas voir ce que je voyais ni savoir ce que je savais. Je trouvais plus facile d'enfouir ma tête dans le sable et d'ignorer la réalité, pourtant évidente, autour de moi. Je pense à des moments où j'aurais eu besoin d'examiner mes sentiments mais que je préférais ignorer en prétendant que tout allait bien.

Je pense à des moments où j'aurais dû m'éloigner d'une relation mais où, au lieu de cela, je luttais pour la garder. Des moments où j'avais besoin de reconnaître et d'affronter mes sentiments et d'affirmer mes besoins les plus profonds mais où je gardais caché ce qui était en moi et n'exprimais jamais mon être réel.

Les défis et les choix font partie de la vie

Nous sommes tous confrontés à des défis dans la vie et parfois nous faisons des choix dont nous sommes fiers, et d'autres fois nous faisons des choix que nous regrettons. À mon avis, la chose qui compte vraiment n'est pas de savoir si les choix que vous faites sont bons ou mauvais, mais plutôt ce que vous en apprendrez.

Parfois, les choses qui semblent vraiment mauvaises se révèlent être une bénédiction déguisée et finissent par améliorer votre vie d'une façon que vous n'auriez jamais pu imaginer. Cela m'est arrivé à maintes reprises.

Je me souviens que quand j'ai rompu avec ma première copine (quand je dis rompu, je veux dire qu'elle m'a quitté), j'étais vraiment bouleversé et j'ai senti que c'était la pire chose qui me soit jamais arrivée. Cela m'a longtemps fait souffrir, mais je l'ai surmonté.

Maintenant, quand je regarde en arrière, je suis reconnaissant pour cette expérience, parce que j'ai beaucoup appris d'elle et je peux voir que cela m'a rendu plus fort. A présent, je ne crains plus de faire des erreurs ou de mauvais choix parce que je sais que chaque choix que je fais, bon ou mauvais, sera en fin de compte bénéfique pour moi.

Cela ne signifie pas que je ne ressentirai plus de joie ou de douleur du fait de mes choix, mais plutôt que je suis prêt à accepter n'importe quelle leçon que j'ai à apprendre, que je l'aime ou non. Si vous pouvez adopter cette attitude, vous constaterez vous aussi qu'il vous sera beaucoup plus facile d'élever votre niveau d'estime de soi.

Estime de soi et succès

Avoir une faible estime de soi ne signifie pas nécessairement que vous serez incapable d'atteindre le succès, car beaucoup de gens ont encore l'énergie et le talent pour réaliser de grandes choses en dépit des sentiments d'insuffisance ou d'indignité.

Ce peut être par exemple un « bourreau de travail », une personne très productive qui veut prouver sa valeur à une personne importante dans sa vie, comme sa mère ou son père, qui lui a dit qu'il n'arriverait jamais à rien dans la vie.

Cependant, même si avoir un but et des objectifs ambitieux peut certainement servir de puissant motivateur, avoir une faible estime de soi signifie que cet individu sera beaucoup moins efficace et créatif qu'il ne le serait s'il avait un haut niveau d'estime de soi.

Une autre conséquence majeure du fait d'être motivé par le désir de plaire aux autres est qu'une fois que votre objectif a été atteint, vous êtes peu susceptible d'éprouver une joie authentique du fait de votre accomplissement. Considérez ce dernier point avec soin, surtout si vous êtes à l'école ou sur le point de quitter l'école.

Beaucoup de ceux qui quittent l'école, par exemple, s'engagent dans une carrière qui plaît à leurs parents pour répondre à leurs attentes. Mais sur le long terme, le choix d'un emploi uniquement pour plaire à quelqu'un d'autre peut rapidement entraîner un manque de satisfaction au travail, un manque d'accomplissement et le sentiment qu'il manque toujours quelque chose dans la vie.

Tous ces facteurs peuvent alors aboutir à une baisse de l'estime de soi, ce qui rend la réussite plus difficile.

L'estime de soi est-elle suffisante pour réussir ?

Si une erreur est de nier l'importance de l'estime de soi, une autre consiste à lui accorder trop d'importance. Bien sûr, un bon niveau d'estime de soi est nécessaire pour votre bien-être, mais avoir une haute estime de soi ne garantit pas l'accomplissement ou le succès dans la vie.

Une estime de soi élevée ne doit donc pas être considérée comme un substitut ou un remplacement à vos besoins, mais plutôt comme quelque chose qui augmentera la probabilité que vos besoins soient comblés.

Par exemple, avec une faible estime de soi, il est peu probable que vous vous engagiez dans des actions qui peuvent répondre à vos besoins. Ce manque d'action peut alors vous laisser avec un certain degré d'anxiété, de frustration ou de désespoir.

Mais avec une haute estime de soi et la confiance en vous-même et vos capacités, vous êtes beaucoup plus susceptible d'entreprendre des actions qui répondent à vos besoins, augmentant ainsi vos chances d'atteindre le bonheur et l'accomplissement dans la vie.

C'est un point extrêmement important à reconnaître parce que beaucoup de gens supposent à tort qu'en pensant positivement et en se sentant bien ils attireront automatiquement et sans effort le succès et le bonheur dans leur vie.

La vérité est que ce que vous attirez dans votre vie est une combinaison de votre attitude mentale et des actions physiques que vous accomplissez. L'action physique peut être menée aussi bien par une personne avec une haute estime de soi que par quelqu'un avec une faible estime de soi.

La différence vient dans le type et la qualité des actions résultantes, et le bonheur et l'accomplissement ultérieurs qu'ils apportent.

Être stable dans un monde instable

Dans l'économie de marché mondiale actuelle, l'industrie se caractérise par des changements rapides, une accélération des percées scientifiques et technologiques et un environnement de plus en plus concurrentiel.

Ces nouveaux développements créent naturellement des exigences pour des niveaux de formation et d'éducation supérieurs à ceux qui étaient exigés par les générations précédentes. Accompagnant ces nouveaux développements viennent également de nouvelles exigences sur nos ressources psychologiques.

Typiquement, elles se manifestent par des appels à une plus grande créativité, l'auto-gestion, la responsabilité personnelle et la prise en charge de sa vie. En d'autres termes, ces exigences exigent une bonne dose d'estime de soi.

Ainsi, alors que l'estime de soi était autrefois considérée

comme un besoin psychologique important, elle est maintenant reconnue comme un besoin économique important.

Par conséquent, ceux qui veulent améliorer leur situation financière doivent aussi s'efforcer d'améliorer leurs sentiments envers eux-mêmes afin d'avoir les meilleures chances de s'adapter à ce monde en constante évolution dans lequel nous vivons tous.

Estime de soi et langage du corps

Une des façons les plus évidentes par laquelle l'estime de soi se manifeste est à travers le langage corporel. Par exemple, si vous vous sentez heureux et confiant, vous souriez, vous vous tenez droit et vous semblez plein d'énergie.

Mais si vous vous sentez malheureux et manquez de confiance en vous, vous aurez tendance à être voûté, à regarder vers le sol et à sembler vidé de toute énergie.

Par conséquent, la façon dont vous vous sentez intérieurement est souvent reflétée extérieurement et c'est ce que perçoivent les gens autour de vous. La façon dont les gens réagissent à cette image renforcera votre estime de vous soit positivement, soit négativement.

Voici quelques-unes des façons dont une haute estime de vous peut se manifester extérieurement via votre langage corporel :

- Des yeux alertes, lumineux et vivants.

- Des épaules détendues mais relevées.

- Des mains détendues et qui ne s'agitent pas nerveusement.

- Des bras qui pendent d'une manière détendue, simple et naturelle.

- Une posture sans contrainte, dressée et bien équilibrée.

- Une démarche résolue avec la tête relevée.

- Une voix qui peut être douce ou forte (être modulée) selon la situation.

Le langage corporel lié à une haute estime de soi peut être résumé en deux mots : détendu et confiant.

La détente dans le langage corporel

Un langage corporel détendu signifie que vous prenez votre temps pour faire ou pour dire quelque chose, plutôt que de vous précipiter ou d'aller trop lentement. Se précipiter dans le discours ou les actes est un symptôme très courant d'une faible estime de soi, et cela se produit généralement quand une personne se sent sous pression.

Cela provient souvent d'un manque d'estime de soi par lequel une personne ne se sent pas digne et pense ne pas mériter le temps et l'attention qui lui sont donnés.

La confiance dans le langage corporel

Un langage corporel confiant peut être exprimé verbalement, par exemple en parlant d'une voix bien articulée, où vous entendez ce que vous dites, ou peut être exprimé physiquement, par exemple par les actions que vous entreprenez et qui semblent naturelles et déterminées plutôt qu'incertaines et nerveuses.

Cependant, il est important de noter que votre niveau d'estime de soi vous affecte beaucoup plus que la façon dont vous paraissez, car il affecte également la façon dont vous répondez au monde et aux gens autour de vous.

Vous feriez bien de vous en souvenir parce que la façon dont vous agissez entraînera alors d'autres personnes à réagir envers vous d'une manière qui renforcera soit positivement soit négativement votre estime de soi.

Projeter une mentalité d'estime de soi élevée

Voici quelques-unes des façons par lesquelles l'estime de soi peut être exprimée à travers vos actions et réactions au monde et aux gens autour de vous :

- La franchise, l'honnêteté et la facilité en parlant de vos lacunes et de vos réalisations.

- La facilité à donner et à recevoir des compliments, tels que des marques d'affection et d'appréciation.

- Une attitude d'ouverture et de curiosité pour les idées nouvelles, les nouvelles possibilités et les expériences de la vie.

- Une ouverture à la critique et une capacité à reconnaître ses erreurs.

- Une reconnaissance et une acceptation de vos failles et de vos faiblesses.

- Le fait de savoir que votre estime de soi n'est pas liée au fait d'être parfait ou de renvoyer cette image.

- Des sentiments d'anxiété ou de désespoir qui ne semblent plus écrasants.

- La confiance dans votre capacité à surmonter les obstacles et les défis.

- Une capacité à rire de vous-même et à ne pas vous prendre trop au sérieux.

- La capacité d'être flexible pour répondre aux situations et aux défis.

Une attitude détendue envers la vie implique que vous ne vous cachez pas, vous-même ou vos sentiments, et surtout que vous n'êtes pas en guerre avec la personne que vous êtes.

Prenez James Bond par exemple. Bond est connu pour être très confiant, mais il est également très détendu. Si quelqu'un le critique, ou s'il fait face à un défi apparemment impossible à relever, il ne semble pas paniquer ou être stressé.

Au contraire, vous pouvez observer une réponse détendue, calme et appropriée. Ce dernier point est important parce que lorsque vous êtes calme et détendu, vous êtes le plus à même de prendre les meilleures décisions et d'obtenir les meilleurs résultats.

Le deuxième facteur est la confiance. La confiance en vous-même et en vos capacités vous permettra de faire face à tout défi que vous rencontrerez.

Votre vie peut prendre un tour soudain et inattendu pour le pire, mais votre confiance et votre conviction en vous-même vous assurent que vous finirez par améliorer les choses.

C'est pourquoi il est important de toujours croire en vous-même et de reconnaître que vous êtes digne d'atteindre le succès ou le bonheur que vous désirez.

C'est seulement quand vous commencez à croire en vous-même que vous commencez à agir de manière à ce que d'autres personnes et d'autres choses réagissent favorablement envers vous. Cela à son tour renforcera positivement votre estime de soi.

Estime de soi et personnalité

Votre niveau d'estime de soi est fortement corrélé avec les caractéristiques de votre personnalité.

Les personnes ayant une forte estime de soi ont souvent des personnalités qui leur apportent le succès dans la vie, leur permettent de développer de bonnes relations avec les autres et surtout, leur apportent le bonheur et l'accomplissement dans leur vie.

Les gens avec une faible estime de soi cependant souffrent souvent de personnalités qui limitent et restreignent leur vie, limitant aussi la quantité de succès et de bonheur qu'ils peuvent atteindre.

L'effet de l'estime de soi sur votre personnalité est une chose importante à garder à l'esprit, car il est souvent supposé à tort que le seul avantage de l'estime de soi est dans le fait de se sentir bien. Bien que ce soit partiellement correct, il est également vrai que votre niveau d'estime de soi affecte le ressenti des autres à votre sujet.

Nous allons donc maintenant jeter un coup d'œil aux

différents types de personnalités qui sont couramment associés à une estime de soi élevée puis faible.

Tandis que vous lisez chaque caractéristique, notez mentalement si elle s'applique ou non à votre cas. Cela vous aidera à évaluer votre niveau d'estime de soi et le type de personnalité que vous possédez actuellement.

La personnalité de l'estime de soi élevée

Certains des traits de personnalité associés à un haut niveau d'estime de soi incluent :

- La rationalité

- L'intuition

- La créativité

- L'indépendance

- La flexibilité

- La capacité à gérer le changements

- La capacité à admettre ses erreurs

- L'optimisme

- La curiosité et le désir d'apprendre

- La capacité à accepter les critiques

- Savoir être à l'aise sous la pression

- Croire en vos capacités

- Une attitude calme et détendue

- La confiance dans la relation avec les autres

- L'ouverture aux nouvelles idées et modes de pensée

Ces caractéristiques élargissent votre vie et vous permettent de grandir et de vous développer en tant que personne.

La personnalité de l'estime de soi faible

Certaines des caractéristiques associées à la faible estime de soi incluent :

- L'irrationalité

- La rigidité

- Une attitude défensive

- Le fait de douter de soi

- Le pessimisme

- La négativité

- L'aveuglement à la réalité

- Le fait de vouloir tout contrôler

- Une dépendance accrue à l'égard des autres ou de certaines choses

- La peur ou l'hostilité envers les autres

- La peur du nouveau ou de l'inconnu

- La colère rapide et soudaine

- L'incapacité à accepter les critiques

- La peur de paraître ridicule

- Avoir un esprit fermé

- L'incapacité à accepter les idées nouvelles

- L'incapacité à gérer les situations de pression

Ces caractéristiques limitent votre croissance et votre développement en proportion directe avec votre niveau d'estime de soi.

A quel point votre personnalité vous permet-elle de grandir ?

Maintenant que vous êtes familier avec certaines des caractéristiques de la personnalité associées à une haute et une basse estime de soi, vous pouvez voir à présent pourquoi l'estime de soi est si importante pour déterminer la quantité de succès et de bonheur que vous pouvez obtenir dans la vie.

L'estime de soi est comme la croissance d'une plante dans un pot. La plante va croître, mais en fin de compte sa croissance est limitée par la taille du pot. Une fois que ses racines remplissent le pot, la plante ne peut plus grandir et peut même mourir. Mais dès que vous déplacez cette plante dans un autre pot, ses racines se développent et la plante va grandir encore plus qu'auparavant.

Votre niveau d'estime de soi est le pot dans lequel vous pouvez grandir et vous développer en tant que personne. Une faible estime de soi est comme un petit pot dans lequel votre croissance et votre vie sont limitées.

Une estime de soi élevée est comme un grand pot et vous fournit beaucoup d'espace pour devenir une personne forte, puissante et confiante qui finira par atteindre son véritable potentiel dans la vie. Dans quel genre de pot voulez-vous que votre vie se développe ?

Lorsque vous avez de la place pour grandir et êtes capable de vous exprimer pleinement en étant qui vous êtes, vous améliorez automatiquement votre communication avec les autres.

Vous n'essayez plus d'impressionner les gens avec ce que vous dites et par conséquent, vous parlez plus ouvertement, plus efficacement et plus honnêtement. C'est parce qu'avec une estime de soi élevée vous croyez que ce que vous dites a de la signification et de la valeur et exprimez ainsi avec confiance vos pensées et vos opinions.

Toutefois, avec une faible estime de soi, la communication est souvent mauvaise et inefficace. Plutôt que de croire en ce que vous dites, vous êtes rempli d'incertitudes sur vos propres pensées et sentiments, et anxieux au sujet de la réponse de l'auditeur.

Par conséquent, vous n'exprimez pas vos vraies pensées et sentiments mais plutôt ce que vous pensez que l'autre personne veut entendre. Vous vivez ainsi votre vie pour d'autres personnes plutôt que de la vivre pour vous-même.

Estime de soi et relations amoureuses

Quand il s'agit de relations sociales et romantiques, les gens ont tendance à se sentir plus à l'aise auprès de ceux qui ont un niveau d'estime de soi similaire au leur.

Cela signifie que dans les relations, à un niveau subconscient, une faible estime de soi attire des gens avec une faible estime de soi, et une haute estime de soi attire des gens avec une haute estime de soi.

Cependant, il s'agit d'une déclaration très généralisée et qui ne s'applique évidemment pas à toutes les relations.

Par exemple, quelqu'un avec une faible estime de soi peut être attiré par quelqu'un avec une haute estime de soi parce qu'il apprécie la sécurité ou le confort que la relation peut lui fournir.

De même, quelqu'un avec une haute estime de soi peut être attiré par quelqu'un avec une faible estime de soi. Cela est moins fréquent que l'exemple précédent mais cela arrive, surtout si l'attraction est basée sur l'apparence, le physique de la personne.

S'agissant de la réussite à long terme de telles relations où il y a un décalage de l'estime de soi chez les partenaires, il y a deux résultats possibles.

1. Rupture de la relation

Le résultat le plus courant quand il y a inadéquation de l'estime de soi chez les deux partenaires est que la relation se termine, habituellement dans un délai d'un an, ou au plus deux ans.

C'est généralement assez de temps pour passer la période d'engouement, ce qui fait que l'attrait physique joue un rôle moins important qu'au début de la relation.

Les ruptures relationnelles se produisent le plus souvent en raison du sentiment d'insécurité et des comportements d'auto-sabotage de la personne avec la faible estime de soi.

Par exemple, si dans la relation l'homme parle à beaucoup de femmes ou a beaucoup d'amies, alors sa partenaire (qui a une faible estime de soi) peut devenir jalouse.

Ceci peut alors conduire à des querelles, un comportement de contrôle excessif et un ressentiment de l'un envers les autres. À moins que ces questions ne soient résolues et surmontées, la relation finira vraisemblablement.

2. Harmonisation

Le deuxième résultat dans une relation romantique où il y a une différence dans l'estime de soi est la mise en place d'un effet d'harmonisation.

Tandis que la relation progresse au fil du temps, les deux partenaires commencent à adopter le niveau d'estime de soi de l'autre, trouvant en fin de compte un équilibre entre les deux.

La forme la plus courante d'harmonisation est que la personne avec la plus faible estime de soi adopte l'estime de soi de son partenaire.

En d'autres termes, le fait d'être ensemble amène les partenaires à se sentir mieux avec eux-mêmes, plus confiants et plus valorisés en tant qu'individus. Ces facteurs à eux seuls entraînent naturellement l'estime de soi à la hausse.

Bien sûr, le contraire peut également se produire. La personne dans la relation avec une haute estime de soi peut lentement commencer à adopter la faible estime de soi de son partenaire. Par exemple, elle peut prendre le sentiment d'insécurité ou les soucis que son partenaire peut avoir, réduisant ainsi sa propre estime de soi.

Dans ces types de relations où il y a harmonisation, les chances de succès à long terme sont beaucoup plus grandes que celles pour des couples où l'estime de soi n'est pas harmonieuse. Cela est particulièrement vrai lorsque le membre avec la faible estime de soi est capable d'adopter l'estime de soi de son partenaire.

Les raisons sont évidentes. Moins d'insécurité dans une relation conduit à moins de soupçons, moins de paranoïa et moins de disputes. Globalement, cela rend la relation plus heureuse et relativement sans problème.

Méritez-vous l'amour ?

L'un des plus grands problèmes avec le manque d'estime de soi est qu'une relation peut s'achever avant même d'avoir commencé.

C'est parce qu'avec une faible estime de soi viennent souvent des sentiments d'être indigne ou de ne pas mériter l'amour. En conséquence, la personne peut percevoir l'amour comme quelque chose d'inatteignable.

Par conséquent, cette attitude mentale peut amener la personne à ne jamais rechercher activement un amour potentiel, ou à éviter l'amour quand il apparaît. Tout cela parce qu'elle ne pense pas être assez bonne pour être aimée.

Une personne qui ne pense pas être assez bonne pour être aimée a très souvent un faible sentiment d'estime de soi. Ce manque d'estime de soi vient d'un manque d'amour-propre, sans lequel elle ne peut pas s'aimer ni s'accepter et donc ne peut pas vraiment accepter l'amour et l'acceptation des autres.

Un manque d'amour-propre conduit également à un état d'appauvrissement émotionnel. Cela signifie que parce que vous êtes incapable de créer les sentiments d'amour et d'acceptation en vous, vous regardez les autres comme une source d'approbation ou de désapprobation pour créer ces sentiments pour vous.

Bien que cela puisse apparaître comme un moyen valable de créer l'amour et l'acceptation, il y a un inconvénient majeur. Un manque d'amour-propre vous fait voir les gens non pour ce qu'ils sont vraiment, mais plutôt pour ce qu'ils peuvent ou ne peuvent pas faire pour vous. Dans cet état d'esprit, votre capacité à aimer restera sous-développée parce que tout ce que vous n'aurez que vos besoins non satisfaits à offrir.

La confusion en amour

Les gens qui manquent d'amour et d'acceptation pour eux-mêmes peuvent devenir très confus ou suspicieux envers ceux qui leur montrent des signes d'amour. C'est très fréquent, surtout pendant les années d'adolescence.

Par exemple, une fille montre des signes d'intérêt pour un garçon mais parce que celui-ci manque d'amour-propre, son esprit doute ou est incertain de ce que la jeune fille peut penser, même si les signes sont extrêmement évidents.

En conséquence, il fait peu ou pas d'effort pour séduire la jeune fille et manque donc une occasion qui aurait pu le conduire au bonheur. Son manque d'amour-propre l'a finalement conduit à un manque d'amour des autres.

Cet exemple montre à quel point l'importance de l'estime de soi peut jouer non seulement dans la recherche de l'amour, mais aussi dans le maintien de l'amour. Donc, si la réussite en amour est quelque chose que vous désirez atteindre, vous devez continuer à améliorer activement votre estime de soi.

Cela contribuera non seulement à maintenir l'amour déjà présent dans votre vie à niveau, mais sera également bénéfique dans pratiquement tous les autres aspects de votre vie.

L'effet de votre aura

L'association avec des personnes négatives est peut-être l'une des pires choses que vous puissiez faire quand vous essayer d'élever votre estime de soi.

Avez-vous déjà remarqué à quel point vous vous sentez bien en compagnie de certaines personnes, et combien vous pouvez vous sentir tendu, anxieux ou inconfortable auprès d'autres personnes ? Cela se produit parce que la façon dont une personne se sent affecte le champ d'énergie, ou l'aura, qui l'entoure.

Lorsque vous êtes rempli de négativité, vous émettez une atmosphère négative autour de vous. Cette aura repoussera les gens et les rendra mal à l'aise en votre présence. Mais lorsque vous vous sentez bien, votre aura change. Elle se remplit d'une énergie positive qui attire les gens et les fait se sentir bien autour de vous.

C'est pourquoi vous devez éliminer ou réduire au minimum le nombre de personnes négatives avec qui vous vous associez, puisque leur négativité vous abaisse et vous fait vous sentir mal. Passez plutôt votre temps avec des gens heureux et positifs car leur énergie se propage à vous et automatiquement, vous vous sentez mieux.

Il est important de se rappeler cependant que la négativité ou la positivité peuvent également vous être transmises via les médias.

Faites donc très attention à ce que vous regardez à la télévision ou lisez dans les magazines, car ils peuvent aussi jouer un rôle important dans ce que vous pensez de vous-même. Les gens qui souffrent de dépression, par exemple, ont tendance à regarder la télévision beaucoup plus que la personne moyenne.

Ce qui est montré à la télévision et dans les médias de nos jours fait qu'une personne se sent souvent physiquement hors des standards, ou décalée au sujet de son statut social ou de l'argent qu'elle gagne. Le lien entre la télévision et la dépression n'est dès lors guère surprenant.

Pouvez-vous vous aimez trop ?

Une préoccupation commune à beaucoup de personnes cherchant à améliorer leur estime de soi est de savoir si en avoir trop est une mauvaise chose. Beaucoup se demandent s'il est possible de tellement s'aimer que l'on peut semblez pompeux ou arrogant envers les autres.

Ces doutes et ces craintes empêchent parfois les gens d'essayer d'améliorer leur estime de soi, les faisant presque se sentir coupables de simplement essayer de s'aimer plus. Cependant, soyez assuré que ces doutes et craintes de vous aimer trop proviennent justement d'une faible estime de soi.

La vérité est que vous ne pouvez jamais vous aimez trop, et si vous voulez réussir et être heureux dans la vie, vous devez être votre personne préférée. Afin de bien comprendre pourquoi, vous devez d'abord comprendre certains des composants de l'estime de soi. Explorons-les maintenant.

Vos attentes et vos actions

L'estime de soi est liée à ce que vous considérez comme

possible ou approprié vous concernant. Par exemple, avec une estime de soi élevée, vous pouvez considérer que tout est possible. Avec une faible estime de soi, vous pouvez considérer comme possible une quantité plus limitée de choses.

Quelles que soient vos attentes, il est important de réaliser que ces attentes mentales engendreront finalement une série d'actions qui se transformeront en réalités. Les réalités créées par ces actions confirmeront et renforceront vos attentes initiales sur ce que vous considérez comme possible ou impossible pour vous.

Pour vous aider à mieux comprendre ce concept, voyons un exemple rapide.

Si je pense que je peux gravir une montagne, c'est une attente. C'est une croyance à propos de quelque chose que je pense être capable de faire.

Cette attente me mènera alors à une série d'actions qui, dans ce cas, impliquent la préparation et éventuellement l'escalade d'une montagne. En prenant ces mesures, j'ai transformé mes attentes en réalité, confirmant ainsi et renforçant mes croyances originales sur ce que je suis capable de faire.

Comme vous pouvez le voir dans cet exemple, votre estime de vous est composée à la fois d'une action physique et d'une action mentale et par conséquent, les deux composantes doivent être abordées quand on essaie d'améliorer son estime de soi.

Penser que vous êtes capable de faire quelque chose n'est que la moitié de la bataille. Afin de confirmer vos croyances, vous devez agir sur elles pour en faire une réalité. Sans actions, vos croyances resteront des concepts inactifs et ne deviendront jamais profondément enracinées dans votre esprit.

En ce sens, l'estime de soi, haute ou basse, tend à être génératrice de prophéties auto-réalisatrices, par lesquelles vous devenez davantage ce que vous pensez et sentez être. L'estime de soi est donc fortement liée à l'idée ou au concept que vous avez de vous.

Qu'est-ce que le concept de soi ?

Votre concept de soi est ce que vous pensez consciemment et inconsciemment à votre sujet. Le concept de soi inclue vos traits physiques et psychologiques, vos actifs et passifs, vos possibilités et limites, vos forces et faiblesses.

Le concept de soi est donc initialement construit sur les croyances, mais est finalement créé par le renforcement de ces croyances à travers les actions que vous entreprenez ou n'entreprenez pas.

Ci-dessous sont énumérés quelques domaines importants qui jouent un rôle dans la formation de votre concept de soi.

Les relations

Cela comprend les relations avec les amis, la famille, les collègues, les partenaires sexuels et les personnes que vous rencontrez dans la vie quotidienne.

L'argent et les possessions

Ce dans quoi vous dépensez votre argent est important dans

la formation de votre concept de soi. Les choses que vous possédez reflètent votre identité.

La santé

Votre niveau actuel de santé et de forme physique reflète la valeur que vous accordez à votre corps. Vous prenez soin de vous ? Ou êtes-vous en mauvaise santé, sans énergie et habitué à une mauvaise alimentation ?

Le travail

Le degré d'excellence dont vous pensez être capable quand il s'agit d'accomplir telle ou telle tâche aura une influence sur votre concept de soi. Êtes-vous confiant dans vos capacités et compétences ? Ou doutez-vous de votre capacité à accomplir une tâche ?

L'image de vous

Comment vous habillez-vous ? Faites-vous un effort pour bien paraître ? Êtes-vous satisfait de l'apparence que vous renvoyez ? Détestez-vous certaines parties de votre corps ? Votre apparence extérieure est souvent un reflet de la façon dont vous vous visualisez en interne.

Comme vous pouvez le voir dans les exemples ci-dessus, le concept de soi englobe votre niveau d'estime de soi. Cependant, il est beaucoup plus large dans sa portée car il englobe tous les aspects de vous en tant que personne.

La façon la plus simple de penser au concept de soi est de le voir comme le cœur même de qui vous êtes vraiment. Il est le résultat de tout ce que vous avez ou n'avez pas vécu dans votre vie.

Les dangers d'un mauvais concept de soi

L'un des dangers pouvant découler d'un faible concept de soi est l'auto-sabotage. Cela implique de s'engager, souvent inconsciemment, dans des actions qui empêchent ou détruisent tout succès que vous pouvez connaître maintenant, ou pourriez expérimenter dans le futur.

L'auto-sabotage se produit parce que l'idée de réussite entre en conflit avec les croyances subconscientes qu'une personne a sur elle-même, sur ce qu'elle pense être approprié ou possible pour elle.

Son concept de soi ne peut tout simplement pas accueillir le succès et à moins que celui-ci ne change, elle trouvera toujours des moyens de se saboter.

Cela signifie que vous pouvez penser consciemment que vous voulez le succès ou le bonheur et tout essayer pour y parvenir, mais si vous avez un concept de soi pauvre, inconsciemment vous serez toujours en lutte contre cela.

En conséquence, afin d'éprouver un changement réel et durable dans votre vie, vous aurez besoin d'investir beaucoup de temps et d'efforts.

La raison en est que vous aurez à surmonter des années de croyances limitantes, acquises tout au long de votre vie et à passer de nombreuses années à renforcer cela par vos actes.

Ces croyances limitantes peuvent être profondément enracinées dans l'esprit et demander de nombreuses années pour être inversées.

Est-il possible d'avoir trop d'estime de soi ?

Une estime de soi élevée est souvent confondue avec de la vanité ou de l'arrogance et certaines personnes peuvent par conséquent penser qu'avoir un haut niveau d'estime de soi est une mauvaise chose.

Le danger découlant de cette pensée est que si une personne pense qu'avoir une haute estime de soi est une mauvaise chose, alors il est peu probable qu'elle tente d'améliorer la sienne.

Elle sera plutôt tentée de douter de sa valeur et de son importance en tant que personne. Cela la conduira à mener des actions qui au final renforceront ces croyances et abaissera encore plus son estime d'elle-même sur le long terme.

Donc, si vous pensez qu'une personne peut s'aimer trop, ôtez cette idée de votre esprit dès maintenant. La vérité est qu'il n'est pas davantage possible d'avoir trop d'estime de soi qu'il n'est possible d'avoir trop de santé.

Si vous êtes préoccupé par l'idée qu'une estime de vous élevée vous fasse paraître vantard ou arrogant, vous pouvez oublier ces craintes dès à présent parce que ces traits ne reflètent pas une abondance d'estime de soi, mais plutôt un manque d'estime de soi.

Les gens qui ont une estime d'eux-mêmes élevée ne sont pas enclins à se faire passer pour supérieurs aux autres, ni à prouver leur valeur en se comparant à d'autres personnes.

Leur joie vient du fait d'être qui ils sont, non d'être mieux que quelqu'un d'autre. C'est la définition même de la véritable estime de soi, l'estime qui vient de l'intérieur plutôt que de l'extérieur.

Auto-efficacité et respect de soi

Il y a deux éléments très importants qui doivent être compris quand il s'agit de l'estime de soi.

La première composante est l'auto-efficacité. Cela implique d'avoir une confiance fondamentale en vous-même et vos capacités face aux nombreux défis que la vie vous lancera.

La deuxième composante est le respect de soi. Cela implique de reconnaître que vous êtes digne et méritez le bonheur et le succès dans votre vie.

Lorsque vous mettez l'auto-efficacité et le respect de soi ensemble, vous obtenez l'estime de soi. Cependant, pour que votre niveau d'estime de soi soit élevé, chaque composante doit également être à un niveau élevé. Examinons maintenant chacune de ces questions plus en détail.

Qu'est-ce que l'auto-efficacité ?

L'auto-efficacité signifie avoir confiance dans le fonctionnement de votre esprit. Cela signifie que vous êtes confiant dans votre capacité à apprendre et à comprendre de nouvelles informations, à penser à cette information et à prendre des décisions en conséquence.

En outre, l'auto-efficacité signifie également la compréhension des conséquences de vos actions et la reconnaissance de ce que vous devez faire afin d'atteindre vos objectifs et vos désirs dans la vie.

Donc, en résumé, l'auto-efficacité signifie simplement avoir un niveau de base de confiance en soi et d'autonomie. En d'autres termes, savoir que vous pouvez compter sur vous-même pour faire les bonnes choses.

L'auto-efficacité n'est pas la croyance que vous ne ferez jamais d'erreurs ou que vous ferez tout parfaitement dès la première fois. De même, ce n'est pas la croyance que vous maîtriserez tous les défis que la vie vous lance.

Si vous vous attendez à tout faire parfaitement dès la première fois, alors attendez-vous également à être déçu. Peu importe le talent d'une personne, tout le monde fait des erreurs à certains moments de sa vie. Et c'est par ces erreurs que le véritable développement personnel et l'amélioration personnelle se produisent.

Cependant, cela ne signifie pas que vous devez vous attendre à échouer la première fois que vous essayez quelque chose, car la véritable auto-efficacité signifie avoir confiance en vous et en vos capacités.

Cela signifie que vous devez adopter une attitude montrant que vous êtes capable d'apprendre ce que vous devez apprendre, et que vous vous engagez à faire de votre mieux pour maîtriser les compétences nécessaires pour surmonter tout défi.

Personne ne peut vous en demander plus si vous essayez toujours de faire de votre mieux, et vous le faites en vous faisant confiance et en croyant en vous-même.

Dans un monde où la totalité des connaissances humaines double à peu près tous les 10 ans, votre sécurité repose uniquement sur votre capacité à apprendre et à vous adapter à un changement rapide.

C'est pourquoi l'auto-efficacité est si importante. Parce que si vous avez confiance en votre capacité à penser, à apprendre et à faire face aux défis que la vie vous lance, alors vous avez d'excellentes chances de vous adapter et de réussir dans ce monde très concurrentiel et changeant.

Si toutefois vous manquez d'auto-efficacité et renoncez quand les défis se présentent parce que vous doutez de vous-même et de vos capacités, alors vous resterez probablement en retrait tandis que le monde et les personnes autour de vous avanceront rapidement.

Rappelez-vous, l'auto-efficacité ne signifie pas que vous n'échouerez jamais ou ne rencontrerez jamais de problèmes. Cela signifie que si et quand ces défis se produisent, votre confiance et votre croyance dans vos capacités vous permettront d'en venir à bout. Un autre mot pour décrire cela est celui de persistance.

Qu'est-ce que le respect de soi ?

Avoir du respect de soi signifie croire en votre valeur et vos mérites en tant que personne. Cela signifie reconnaître que vous avez le droit de réussir et d'être heureux dans la vie - et d'agir en conséquence.

Avec le respect de soi vient l'affirmation de vos pensées, de vos désirs et de vos besoins. Quand vous avez de l'estime pour vous-même, vous prenez soin de vous de la meilleure façon que vous le pouvez, et ne tolérez pas que d'autres personnes tentent de vous rabaisser.

En bref, le respect de soi signifie reconnaître que le bonheur et l'accomplissement sont votre droit naturel.

Le respect de soi est donc la croyance forte en votre propre valeur et mérite en tant que personne, mais ce n'est pas l'illusion que vous êtes parfait ou supérieur à tout le monde. C'est plutôt la croyance que votre vie et votre bien-être valent la peine d'agir en vue de les soutenir, de les protéger et de les nourrir.

Avec le respect de soi vient la reconnaissance que vous êtes utile et méritez le respect des autres, et que votre bonheur et votre épanouissement personnel sont assez importants pour que vous travailliez dessus.

C'est pourquoi le respect de soi est une composante si importante de l'estime de soi, parce que pour connaître le succès, vous devez poursuivre et réaliser les choses qui ont une valeur et un sens réels pour vous.

Sans un niveau basique de respect de soi, il est peu probable que vous vous considériez digne de ces choses et ainsi, vous ne poursuivrez pas vos espoirs, vos rêves et vos aspirations, ou serez insatisfait et incapable d'éprouver du bonheur si vous les obtenez.

En plus de cela, si vous manquez de respect pour vous-même, vous autorisez automatiquement les autres à vous traiter irrespectueusement. Lorsque vous permettez aux gens de vous traiter irrespectueusement, vous baissez ensuite dans votre estime de soi, ce qui invite plus de manque de respect, réduisant ainsi à nouveau votre estime de soi dans un cycle sans fin.

Heureusement, si jamais vous vous retrouvez dans un tel cycle, tout ce que vous devez faire est de ne plus jamais tolérer que quiconque vous traite irrespectueusement ou vous parle d'une manière irrespectueuse. Une fois que vous décidez de vous tenir bien droit et de vous défendre, vous augmentez automatiquement votre respect pour vous-même et, ce faisant, augmentez votre estime de soi.

L'importance d'avoir de l'auto-efficacité et du respect de soi

En plus d'avoir un haut niveau d'estime de soi, vous devez également avoir un haut niveau d'auto-efficacité et de respect de soi. Si un de ces composants est manquant ou sous-développé, les conséquences seront un manque d'estime de soi.

Par exemple, si vous ne vous sentez pas en confiance face aux défis de la vie, ou si vous avez un bas niveau de confiance en vous et en vos capacités, vous souffrez d'une faible estime de soi. Cela est vrai, peu importe les qualités que vous possédez par ailleurs.

De même, si vous n'avez pas un niveau de base de respect de soi, vous vous sentez indigne de l'amour ou du respect des autres, indigne de bonheur ou vous craignez d'affirmer vos désirs, vos pensées et vos besoins et vous souffrez dès lors également d'une faible estime de soi.

Par conséquent, pour réussir à construire votre estime de soi, vous devez adopter l'attitude selon laquelle vous êtes capable de tout faire et ensuite de reconnaître que vous pouvez le faire parce que vous en êtes digne et le méritez.

Bien sûr, comme nous l'avons dit plus tôt, cela ne signifie pas que vous allez réussir tout ce que vous vous proposez de faire dès la première fois. Cela signifie que si vous adoptez cette attitude, vos chances de succès augmenteront considérablement.

Lorsque vous essayez d'améliorer votre estime de soi, ne soyez pas découragé par les périodes où vous vous sentez déprimé ou quand vous sentez que votre estime de soi est plus faible que d'habitude. C'est tout à fait normal que l'estime de soi fluctue naturellement de jour en jour, de semaine en semaine, de mois en mois et d'année en année.

Donc, lors de l'évaluation de votre estime de soi, il est préférable de la voir en termes de niveau moyen. Posez-vous des questions telles que « comment me suis-je senti cette semaine ? » ou « comment est-ce que je me sens globalement ce mois-ci ? » Cela peut s'avérer être un moyen extrêmement bénéfique de regarder l'estime de soi parce que quand les gens se sentent mal, ils ont tendance à regarder leur vie entière comme étant mauvaise.

Cela ne sert qu'à rendre le lendemain encore pire et donc met en place un cycle auto-perpétuant de faible estime de soi. Mais en reconnaissant qu'il est normal que votre niveau d'estime de soi fluctue, vous pouvez mieux vous préparer pour les mauvaises périodes et elles vous paraîtront également moins mauvaises.

Porter le masque de l'estime de soi

Parfois, nous voyons des gens qui semblent tout avoir mais qui éprouvent encore des moments d'anxiété ou de dépression. Ils peuvent projeter l'apparence d'une grande estime de soi, mais en réalité, c'est juste une illusion.

Les célébrités sont un bon exemple. Du point de vue d'une personne « normale », ils semblent tout avoir mais les histoires de célébrités devenues dépendantes à la drogue, souffrant d'anorexie, de dépression ou même se suicidant ne sont hélas pas rares.

Cela montre que sans une authentique estime de soi, tous les biens matériels du monde ne vous satisferont jamais. Au lieu de cela, vous serez aux prises avec divers degrés d'anxiété, d'insécurité et de doute de soi. Un sentiment d'exclusion, comme si quelque chose vous manquait ou n'allait pas avec vous.

Cet état est douloureux et pour cette raison les gens ont tendances à l'éluder en niant leurs craintes, en rationalisant leur comportement et en créant l'apparence d'une estime de soi qu'ils ne possèdent pas réellement. C'est ce qu'on appelle la fausse estime de soi.

Qu'est-ce que la fausse estime de soi ?

La fausse estime de soi est l'illusion d'auto-efficacité et de respect de soi sans la réalité. C'est comme porter un masque pour couvrir un visage dont vous avez honte. En portant le masque, vous ressentez un sentiment de sécurité et de confort en cachant le vrai vous.

Cependant, le prix du port du masque est que les causes réelles du manque d'estime de soi sont ignorées.

La vraie estime de soi est une expérience intime et ne peut venir que de l'intérieur de vous. La vraie estime de soi est ce que vous pensez et sentez au sujet de vous-même, pas ce que quelqu'un d'autre pense et sent à votre propos.

Par exemple, vous pouvez être aimé par votre famille tout en n'ayant pas d'amour pour vous-même. Vous pouvez être admiré par beaucoup de gens, mais toujours vous sentir insuffisant et indigne à l'intérieur de vous.

Cela ne veut pas dire que les autres personnes ne sont pas importantes et n'influencent pas votre niveau d'estime de soi, parce que c'est le cas, mais que c'est vous qui déterminez si votre estime de soi est élevée ou faible.

D'où vient l'estime de soi ?

Si la véritable estime de soi vient de vous, alors la fausse estime de soi doit venir de l'extérieur de vous. Cela signifie qu'au lieu de chercher l'estime de soi à travers la conscience, la responsabilité et l'intégrité, la fausse estime de soi la recherche à travers la popularité, les biens matériels ou les expériences sexuelles.

En d'autres termes, la fausse estime de soi est liée à la recherche de sources externes pour vous sentir utile et vous valoriser en tant qu'individu.

Mais quand ces sources disparaissent, il en va de même de la fausse estime de soi. Et si la fausse estime de soi est tout ce que vous avez, cela vous laissera finalement avec des sentiments d'anxiété et de dépression.

Il n'y a rien de mal à faire semblant d'avoir une forte estime de soi quand vous avez réellement une faible estime de soi.

En fait, c'est une méthode qui peut être utilisée pour

améliorer votre estime de soi et qui est souvent résumée par la phrase « Fais semblant, et le reste suivra ». L'idée derrière cela est qu'en agissant comme si vous aviez une haute estime de soi, vous finirez par développer une haute estime de soi.

C'est ce que les acteurs font quand ils jouent un personnage. En agissant comme le personnage, ils deviennent finalement le personnage, ce qui leur permet alors de réaliser une performance convaincante.

La fausse estime de soi peut donc être utilisée dans le bon sens, mais seulement comme mesure temporaire plutôt que comme une solution permanente.

Merci

Avant de vous quitter, je veux vous remercier pour avoir lu ce livre.

J'espère qu'il vous a plu et qu'il vous aura été utile.

Si c'est le cas, pourriez-vous prendre quelques instants afin de laisser un commentaire sur Amazon ?

Cela est très important pour nous, auteurs indépendants, et vous permet de témoigner et de partager votre expérience de lecture.

Merci :-)

Déjà paru aux Éditions NeoMind :

<u>Les 20 lois de la Richesse</u> de Robert Palina